AF337476

(Couverture)

PETITE VIE POPULAIRE

DE

Saint Blaise

———

ABBEVILLE

PAILLART, IMPRIMEUR-ÉDITEUR

Brochures illustrées de Propagande catholique

PETITE VIE POPULAIRE

DE

SAINT BLAISE

BIBLIOTHÈQUE NATIONALE · R. F. · IMPRIMÉS

Naissance et jeunesse de saint Blaise.

Saint Blaise naquit dans la seconde moitié du III° siècle, à Sébaste, ville d'Arménie, en Asie.

Les premières années de sa vie sont caractérisées par la tendresse de sa piété, l'amabilité de sa douceur et l'innocence de ses mœurs. Marchant sur les traces du divin Sauveur, Blaise croissait en sagesse à mesure qu'il avançait en âge, et offrait, dans sa conduite, le spectacle des plus belles vertus.

Ces heureuses dispositions brillèrent en lui avec plus d'éclat encore lorsqu'il eût atteint cet âge critique où les passions les plus vives exercent un si cruel empire sur les jeunes cœurs et paralysent si souvent l'effet des généreux efforts qu'ils font pour se maintenir dans l'amour de Dieu et la pratique de leurs devoirs. Il avait constamment à l'esprit ces paroles de la Sagesse incréée : « Mon fils, si les méchants s'efforcent de vous attirer par leurs paroles, gardez-vous de les écouter ; s'ils vous disent : venez avec nous, mon fils, ne les suivez pas ; retirez promptement votre pied de leur voie ; ne prenez pas plaisir à marcher avec les impies, fuyez-les au contraire, évitez-les, laissez-les loin de vous. »

Quel touchant et admirable modèle pour la jeunesse chrétienne !

Saint Blaise, évêque de Sébaste.

Blaise continuait d'édifier ses concitoyens par la splendeur de ses vertus et l'étendue de ses connaissances, lorsque le Seigneur, qui avait des vues particulières sur lui, voulut le montrer comme un des plus beaux ornements de son Eglise. Le siège de Sébaste, en effet, étant venu à vaquer par la mort de son évêque, notre saint fut appelé à l'occuper, à la grande joie du peuple et du clergé qui le choisirent d'une voix unanime.

Les historiens nous le montrent alors tout consumé de zèle pour la gloire de Dieu ; les yeux toujours fixés sur le cher troupeau confié à sa garde, lui prodiguant tous ses soins, lui consacrant ses sueurs, ses travaux, tout son temps.

Toutefois, la vigilance continuelle qu'il apportait à la sanctification des âmes ne l'empêchait pas de travailler à son propre salut.

Nous le voyons, en effet, quelques années après, se mettre à l'abri de la contagion du monde, en se retirant sur une montagne voisine de la ville et y passer les heures dans la prière et la méditation. Qui pourrait dire les saints transports qui l'animaient, les beaux sentiments dont il était pénétré, le langage d'amour qu'il adressait à son Dieu !

Saint Blaise et la persécution.

L'héroïsme de la vertu par excellence, « la preuve incontestable d'une charité parfaite, » c'est de verser son sang pour la défense de la religion.

On était alors à la fin du IIIe siècle. Semblables à une furieuse tempête, des persécutions sanglantes dévastaient la vigne du Seigneur. Dans ces années de deuil, que de victimes innocentes furent immolées à la fureur des tyrans impitoyables ! que de généreux chrétiens scellèrent alors de leur sang leur amour pour le vrai Dieu !

Le saint évêque de Sébaste ne pouvait manquer d'être appelé du ciel à l'honneur d'être du nombre de ces illustres martyrs.

L'empereur Licinus s'était déclaré l'ennemi des chrétiens. Vers l'an 316, il fit partir pour Sébaste, Agricola, gouverneur de la Cappadoce et de la petite Arménie, avec ordre de jeter dans les fers tous les chrétiens qui n'adoreraient point les dieux de l'empire. Mais, plus cruel encore que son maître, Agricola résolut d'en finir, d'un seul coup, avec eux, en les exposant aux bêtes féroces.

A cet effet, il envoya des gens dans les forêts

voisines pour prendre tous les animaux sauvages qu'ils pourraient saisir; mais, arrivés près du mont Argée, ceux-ci s'avancèrent jusqu'à la caverne où saint Blaise s'était retiré. Quel ne fut pas leur étonnement lorsqu'ils l'aperçurent assis, ravi en extase dans la contemplation des grandeurs de l'Éternel et entouré d'un nombre considérable de lions, de tigres et d'ours qui semblaient lui tenir compagnie.

Extrêmement surpris de cet étrange spectacle, les envoyés d'Agricola revinrent à la ville pour rendre compte à leur maître de ce qu'ils avaient vu. Ce récit l'engagea à diriger un plus grand nombre de satellites vers cette montagne afin d'y arrêter tous les chrétiens qu'ils pourraient surprendre. Ils y allèrent, en effet, et, ayant de nouveau trouvé le saint évêque en prières, ils lui dirent que le proconsul le demandait.

A cette injonction, Blaise répondit joyeusement : « Mes enfants, soyez les bienvenus ; il y a longtemps que je soupire après le martyre, marchons au nom du Seigneur. »

Dès qu'il fut arrivé à Sébaste, il fut, par ordre d'Agricola, jeté en prison et, le lendemain, amené en sa présence : « Je suis ravi de vous voir, lui dit Agricola, Blaise, cher ami des dieux immortels ; venez avec moi leur offrir de l'encens. — Que le Très-Haut vous ait en sa sainte garde, ô gouverneur, reprit Blaise, mais, de grâce, ne donnez pas le nom de dieux à de misérables esprits qui ne peuvent vous faire du bien. »

Surpris d'une réponse si hardie, le juge méditait en lui-même comment il pourrait gagner cet intrépide prisonnier ; puis, se laissant emporter par la colère, il le fit frapper de coups de bâton pendant plus de trois heures.

Durant ce cruel et long supplice, le Pontife demeure calme et ne dit que ces magnifiques paroles : « O trompeur insensé des âmes, penses-tu me séparer de Dieu par tes tourments ? Non, non, le Seigneur est avec moi ; c'est lui qui me fortifie, c'est pourquoi tu peux faire de moi ce que tu voudras. »

A tous les ordres impies qu'il reçut, Blaise répondit par un noble refus, et Agricola, furieux de se voir vaincu par tant de constance, le fit reconduire en prison.

Saint Blaise en prison.

Durant la captivité de ce généreux athlète du Christ, une pieuse veuve lui apporta régulière-ment à manger, le suppliant d'accepter le peu qu'elle pouvait lui offrir.

Le saint Pontife agréa cette offrande et lui promit, en retour, de lui procurer à elle et à sa famille, secours et assistance dans toutes leurs nécessités.

Pendant que le vaillant martyr supportait ainsi les horreurs du cachot, on lui amenait, de la ville et des environs, les malades en grand nombre. Sa réputation de sainteté était si forte-ment établie que de lui, comme de Notre-Seigneur, les fidèles étaient convaincus qu'il s'échappait une vertu capable de guérir toutes les infirmités.

C'est ainsi qu'un jour, un enfant qui avait

avalé une arête de poisson et dont la vie était en danger, fut apporté par sa mère éplorée aux pieds du confesseur de la foi. Touché par la foi si profonde de cette pauvre mère, non moins qu'ému par ses soupirs et ses larmes, Blaise conjura le Seigneur de rendre la santé à cet enfant, ainsi qu'à tous ceux qui, souffrant du même mal, se recommanderaient à lui, et l'enfant fut guéri aussitôt.

Martyre de saint Blaise.

Loin d'apaiser le proconsul, les vertus de saint Blaise et les prodiges opérés par son intercession ne firent que l'irriter davantage. L'ayant fait paraître une seconde fois devant lui, et le trouvant plus ferme et plus résolu que jamais, il le fit attacher à un poteau et frapper de verges avec une cruauté inouïe ; mais le saint Pontife endurait les coups avec joie et remerciait Dieu de la grâce qu'il lui accordait, en lui donnant la force de souffrir quelque chose pour son amour.

Transporté de fureur, le tyran donna aussitôt l'ordre de jeter Blaise dans un lac voisin. Mais le courageux soldat de Jésus-Christ, ayant fait le signe de la croix, se mit à marcher sur les eaux, puis, s'étant assis, il prêcha les vérités chrétiennes au grand scandale de ses ennemis.

Cependant, l'heure de la récompense était arrivée ; un ange ayant averti le héros de revenir à terre, celui-ci apparut si éclatant de lumière que les païens en furent épouvantés.

Agricola, tout confus de voir que ses cruelles

inventions n'aboutissaient qu'à faire apparaître davantage la puissance du Dieu des chrétiens, prit une suprême et dernière résolution : il décida que Blaise aurait la tête tranchée.

Mais, avant de tendre le cou aux bourreaux, le saint pria le Tout-Puissant pour ceux qui l'avaient assisté, et aussi pour ceux qui, dans la suite, imploreraient son secours. Notre-Seigneur lui apparut aussitôt et lui dit d'une voix qui fut entendue de toute l'assistance : « J'ai ouï tes supplications, et je t'accorde ce que tu me demandes. » Quelques instants après, Blaise avait consommé son martyre.

La fin glorieuse de saint Blaise arriva le 3 février de l'an 316. Son corps précieux fut recueilli par une pieuse femme nommée Hélisée et enseveli avec des honneurs aussi grands que les circonstances le permettaient alors. Plusieurs de ses saintes reliques ont été depuis apportées en France et distribuées à plusieurs églises.

Pèlerinage de saint Blaise dans l'église de Charrey-sur-Saône.

Le culte de saint Blaise est en honneur dans plusieurs paroisses du diocèse de Dijon ; mais, nulle part ailleurs, la fête de cet illustre martyr n'est célébrée avec plus de solennité que dans la petite église de Charrey-sur-Saône, au doyenné de Saint-Jean-de-Losne. Chaque année, le 3 février, les habitants du village, ceux des villages voisins, de nombreux malades viennent rendre au grand thaumaturge les hommages

qui lui sont dus et solliciter de sa puissance
auprès de Dieu la guérison de leurs infirmités
ou la faveur d'autres grâces vivement désirées.
Dieu seul pourrait dire tous les prodiges opérés
dans la chapelle de saint Blaise !

La relique de saint Blaise est, dans l'église de
Charrey, l'objet d'une vénération toute spéciale.
On vient prier devant elle, non seulement au
jour de la fête, mais durant tout le cours de
l'année, et nous n'enlèverons rien à la puissante
intercession de la Sainte Vierge en disant de
notre grand saint, comme de notre bonne mère,
que les malades ne l'invoquent jamais en vain.

Cantique à Saint Blaise

Refrain.

O ! tendre père,
Doux protecteur,
Reçois notre prière,
Obtiens-nous le bonheur.

1er COUPLET.

Venez prier dans la sainte Chapelle.
O pèlerin ! hâtez-vous d'accourir ;
Le glorieux saint Blaise vous appelle ;
Du haut des cieux, sa main va vous bénir.

2.

Ici, partout le Ciel rend ses oracles ;
Pour t'invoquer les siècles sont venus ;
Ces murs sacrés attestent tes miracles,
Et tes bienfaits des peuples sont connus.

3.

Quand les méchants te jetant leur insulte
Voudront briser tes autels vénérés,
Fais que toujours fidèles à ton culte,
Nous nous rangions sous ton drapeau sacré.

4.

De notre cœur tout plein de meurtrissures
Et qu'ici-bas rien ne saurait charmer,
Daigne guérir les cruelles blessures ;
Apaise Dieu que nous voulons aimer.

5.

Le corps flétri que la souffrance accable
Trouve, à tes pieds, un remède à ses maux ;
Ta douce main, ô père secourable,
Lui rend l'espoir, la force et le repos.

6.

Quand, pour nos champs, le fracas du tonnerre
Nous fait trembler, nous glace de terreur,
Dompte les vents, grand Saint, par ta prière,
Rends le courage à l'humble travailleur.

7.

La mère, en pleurs, pour son enfant t'implore.
Ah ! sauve-le des flèches du trépas !
Et, que bientôt, elle revienne encore,
Pour te l'offrir, palpitant dans ses bras.

8.

Etends ton bras sur le chef de l'Eglise,
Que les soupirs de ses enfants soumis
Montent vers toi ; que par ton entremise,
Il soit vainqueur de tous ses ennemis !

9.

Aux exilés qui vivent dans les larmes,
Aux pèlerins de ces terrestres lieux,
Du saint amour fais sentir tous les charmes,
Et reçois-les à la porte des cieux.

Glorieux Blaise,
Vois notre amour,
D'un Dieu vengeur, apaise
La justice en ce jour.

Abbeville, imp. C. Paillart, éditeur des Brochures illustrées
de Propagande catholique.

221

www.ingramcontent.com/pod-product-compliance
Lightning Source LLC
Chambersburg PA
CBHW061848060726
47597CB00008B/3630